BIBLIOTHÈQUE ANTI-CLÉRICALE

FASCICULE SUPPLÉMENTAIRE N° 5

LES GALANTERIES

DE

LA BIBLE

PAR

ÉVARISTE PARNY

PRIX : 60 CENTIMES

PAR LA POSTE : 70 CENTIMES

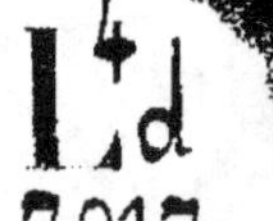

BIBLIOTHEQUE
ANTI-CLÉRICALE

AVIS DE L'ÉDITEUR

S'il est un livre qui ait été souvent réimprimé, à l'étranger aussi bien qu'en France, c'est à coup sûr ce poème amusant au possible, et en même temps admirablement bien fait, qui a pour titre : *Les Galanteries de la Bible*.

Cependant cet ouvrage est en général peu connu du public populaire.

Cela tient à ce que les éditions précédentes (dont la première parut à Paris en 1805, format in-12) ont toujours été tirées à un nombre restreint d'exemplaires et ne se sont jamais trouvées à la portée des petites bourses. Les gourmets littéraires ont seuls pu, jusqu'à présent, se procurer la joyeuse satire d'Evariste Parny, imprimée sans cesse avec luxe et vendue à un prix élevé.

Nous qui savons que le peuple sait, tout comme nos fils de famille, apprécier ce qui est écrit avec verve et esprit, nous avons la certitude que cette réimpression à bon marché aura tout le succès qu'elle mérite et que nos collectionneurs nous tiendront gré de l'avoir faite.

L'ÉDITEUR.

BIBLIOTHÈQUE ANTI-CLÉRICALE

ÉVARISTE PARNY

LES GALANTERIES
DE
LA BIBLE

Réimpression absolument conforme à l'Édition originale

FASCICULE SUPPLÉMENTAIRE

PARIS

ET LES DÉPARTEMENTS

En vente partout

M DCCC LXXX

LES GALANTERIES

DE LA BIBLE

Approchez, chrétiennes jolies ;
De la Genèse les versets
Valent bien d'un roman anglais
L'horreur et les tristes folies.
Surmontez d'injustes dégoûts,
Lisez ; de la Bible pour vous
Je traduis les galanteries.

Nous savons trop à nos dépens
Comment le premier des serpents
Des femmes tenta la première,
Et comment notre premier père
Acheva le fruit défendu
Que son épouse avait mordu.
Il leur en coûta l'innocence,
A nous aussi. Brûlants d'amour,
Sous des berceaux fermés au jour,
Du ciel ils bravent la défense,
Et de leur première ignorance
Ils semblent craindre le retour.
Hélas ! il était impossible.
Mais enfin au feu des transports
Succède l'ivresse paisible ;
Un bruit se fait entendre alors :
O ciel ! c'est Jéhovah lui-même.

Leur trouble, leur crainte est extrême.
Pour échapper à l'œil divin,
Les voilà qui prennent la fuite,
Et qui se cachent au plus vite
Dans l'épaisseur du bois voisin.

Bientôt le Seigneur les appelle,
Et d'un ton ironique et doux :
« Couple obéissant et fidèle,
Adam, Ève, où donc êtes-vous ? »
Point de réponse. « J'irai prendre,
Et je saurai punir après,
Les insolents qui sont tout près,
Et qui ne veulent pas m'entendre. »

A ce nouveau commandement,
Il fallut quitter le bocage.
D'un figuier prenant le feuillage,
Ils s'en forment un vètement.
Dans ce bizarre accoutrement,
Ils s'avancent, mais lentement,
Les yeux baissés, la tête basse,
Joignant les mains, demandant grâce,
Confus, tremblants et consternés,
Tous deux du mensonge incapables,
Tels enfin que de vrais coupables
Déjà jugés et condamnés.
Adam précédait son amie :
Ève craintive et parlant peu
N'aurait pu répondre à son Dieu.
Le péché l'avait embellie.
Son procès d'avance est instruit :
D'amour encore elle soupire,
Et sur son visage on peut lire

Ce qu'elle a fait pendant la nuit.
En femme sage et bien apprise,
Par-dessus la verte chemise
Qui ne dérobe qu'à demi
De son corps l'albâtre arrondi,
Aux yeux du juge redoutable,
Elle étend la main prudemment
Sur ce qu'elle a de plus coupable,
Sur ce qu'elle a de plus charmant.
Dieu sourit, et dit en lui-même :
« Il est bien temps ! » Mais aussitôt
Reprenant d'un maître suprème
Le front sévère, il dit tout haut :
« D'où venez-vous ?

ADAM

De ce bocage.

JÉHOVAH

Pourquoi ces robes de feuillage ?
A quoi bon s'accoutrer ainsi ?

ADAM

J'étais nu, ma compagne aussi ;
A vos yeux nous n'osions paraître
Dans un état si peu décent.

JÉHOVAH

Hier vous n'en saviez pas tant.
Quel hasard vous a fait connaître
Et la décence et la pudeur ?

ADAM

Seigneur...

JÉHOVAH.

Eh bien ?

ADAM

Ève est si belle !
La pomme est si douce avec elle !

JÉHOVAH

Il faudra payer sa douceur.
Homme ingrat, et vous sa complice,
Vous, dont l'équivoque rougeur
Et dont le petit air boudeur
Semblent m'accuser d'injustice,
Sortez de ces heureux jardins,
Sortez sans détourner la tête,
Sortez donc ; ce séjour honnête
N'est pas fait pour des libertins. »
    A cette verte réprimande
Il ajouta ce mot dernier :
« A propos, je vous recommande
De croître et de multiplier. »
Sexe charmant, à votre empire
Insensé qui s'opposera.
Ève elle-même vous légua
Le don de plaire et de séduire.
Aux lèvres de son jeune époux,
Lorsque en riant sa bouche humide
Offrit dans un baiser timide
Le fruit qu'elle rendait si doux,
Malgré la menace cruelle
D'un maître qui savait punir,
Il voulut se perdre avec elle,
Avec elle il voulut mourir.

Maudit par son juge sévère,
Sans secours errant sur la terre,
Il disait avec un souris :
« Ève, tu m'aimes, je t'adore,
Et le baiser nous reste encore ;
Crois-moi, voilà le paradis. »
O du ciel profonde sagesse !
A la honte de notre espèce,
Le premier né du genre humain
Fut un brigand, un assassin.
Caïn teint du sang de son frère,
Maudit de Dieu, n'y pensant guère,
Au loin habita d'autres champs.
Il les peupla ; car les méchants,
Race prolifique et féconde,
Savent peupler ce triste monde
Bien mieux que les honnêtes gens.
Soit caprice de la nature,
Soit faveur d'un climat heureux,
Ses enfants, d'énorme stature,
En firent de plus vigoureux.
La terre, de fruits appauvrie,
Légèrement les nourrissait.
Force et paresse, comme on sait,
Vont très-souvent de compagnie :
Mangeant beaucoup, travaillant peu,
Ces messieurs pourtant voulaient vivre,
Et devinrent, dit le gros livre,
De fameux chasseurs devant Dieu.
Ils s'emparèrent des montagnes,
Des cavernes et des forêts,
Et leurs pieds n'écrasaient jamais
Le gazon des vertes campagnes.

D'Abel les enfants plus mignons
Subsistaient d'une autre manière :
Ils habitèrent des vallons
Arrosés par une onde claire ;
Leur adresse éleva des toits ;
Leurs troupeaux couvrirent les plaines :
Libres dans leurs riches domaines,
Ils étaient tous bergers et rois.
Enfin, après longues années,
Un géant qui chassait un daim
Devant lui trouve le Jourdain,
L'enjambe et voilà mon vilain
Dans ces campagnes fortunées.
On peut juger s'il fut surpris !
De ses deux gros yeux ébahis
Parcourant avec complaisance
Ces champs engraissés d'abondance
Et peuplés de blanches brebis,
Vers les cabanes il s'avance.
A son aspect inattendu,
Grande frayeur. Avez-vous vu
Des moineaux la troupe légère
Descendre et s'emparer d'une aire
Où le blé vient d'être battu ?
Au moment où leur bec avide
Travaille au pillage commun,
Arrive un fermier importun ;
Plus de moineaux, la place est vide.
Voilà l'image de la peur
Que dut faire au peuple pasteur
Du géant l'approche subite.
Hommes et femmes tout d'abord,
Jetant un cri, prennent la fuite ;

Les enfants qui couraient moins vite,
Tendant les bras, criaient plus fort.
A quelque distance on s'arrête ;
Puis on tourne à demi la tête
Vers le géant qui tout là-bas
Demeurait planté sur ses jambes,
Surpris et riant aux éclats
De voir comme ces nains ingambes
Précipitaient leurs petits pas.
« Quel homme ! — Dis plutôt quel diable !
—Comme nous pourtant il est fait ;
Un nez, une bouche… — En effet,
A l'homme en tout il est semblable.
— Voyez-vous cette large main
Qui par des signes nous rappelle ?
Approchons. — Sous un air humain,
S'il cachait une âme cruelle ?
— Il nous eût assaillis soudain.
Mais il reste là comme un terme.
Que peut-il entreprendre enfin,
Seul contre cent ? Avançons ferme ! »
Tout se passa tranquillement.
Un géant a l'humeur paisible,
Et des petits communément
La faiblesse est plus irascible.
De tous côtés on l'entourait,
Sa haute taille on admirait,
Ses longues mains on mesurait,
Et ses bras et ses mains encore.
De loin les femmes regardaient.
Que pensaient-elles ? Je l'ignore ;
Mais tout bas elles chuchotaient.
La nuit arriva ; le sauvage

Soupa d'un mouton bien dodu,
Et se coucha sur le feuillage
Qu'on avait exprès étendu.
Voilà les femmes réunies ;
Ecoutons leur vif entretien.
« Savez-vous, mes bonnes amies,
Que ce géant est bien ? — Très-bien.
— A l'excès je suis curieuse ;
Oui, je voudrais... — Et nous aussi,
Mais l'entreprise est périlleuse.
— Pourquoi s'effaroucher ainsi ?
Un pressentiment me rassure.
Venons au fait : quelqu'une ici
Veut-elle tenter l'aventure ? »
Point de réponse. Avec raison
Les unes gardaient le silence ;
D'autres craignaient ; d'autres, dit-on,
Ne se taisaient que par décence.
La plus brave se lève enfin,
Et part en disant : A demain.
   A la voix du chien qui le presse,
Et qui talonne sa paresse,
Qu'un mouton franchisse un fossé,
Par l'exemple aussitôt poussé,
Tout le troupeau se précipite ;
C'est à qui sautera plus vite.
L'étranger était chaque soir
Visité par quelque sauteuse.
Longtemps sa complaisance heureuse
Remplit et passa leur espoir :
Mais le plus complaisant des hommes,
Et des géants s'arrête enfin ;
Tel est notre commun destin,

Chétive espèce que nous sommes !
« N'avez-vous point de compagnons ?
Lui demandèrent les traîneuses.
— Mes pareils, robustes et bons,
Forment des peuplades nombreuses.
— Et des amis, en avez-vous ?
— J'en ai quelques-uns. — Parmi nous,
Croyez-vous qu'ils voulussent vivre ?
— J'en suis sûr. — Eh bien, retournez,
Et s'ils consentent à vous suivre,
Bien vite avec eux revenez. »
Il part : après un mois d'absence,
Il revient avec cent amis,
Jeunes, discrets, et bien munis
De ce qu'on nomme complaisance.
Aux géantes ils n'avaient pas
Confié ces galants mystères ;
Mais ces femmes aventurières
De loin suivirent tous leurs pas.
Voilà, répétaient les bergères,
Du superflu. C'est du nouveau,
Dirent les bergers moins sévères.
Les géantes firent l'écho.
La Genèse est œuvre divine,
Mais obscure : des gens profonds
De ces antiques Patagons
Dans le ciel cherchent l'origine.
La Bible dit : « Les fils de Dieu,
Des hommes voyant que les filles
Etaient faciles et gentilles,
Les pourchassaient, et ce doux jeu
Des géants créa les familles. »
Mais ces fils de Dieu, qui sont-ils ?

Messieurs les docteurs, peu m'importe ;
Sans examen, je m'en rapporte
A vos commentaires subtils.
  Ainsi, quand une pastourelle
Veillait seule sur les troupeaux,
Un ange descendait près d'elle,
Et l'amusait par ses propos :
Je dis *propos*, par indulgence
Pour la primitive innocence.
Lorsque d'un torrent le fracas
Arrête une femme craintive,
Un ange la prend dans ses bras,
Et la couche sur l'autre rive.
Désire-t-elle un fruit nouveau ?
Un ange officieux et leste
Du pommier courbe le rameau :
Aux femmes la pomme est funeste.
Le galant et beau Gabriel,
Feignant toujours quelque message,
Allait de village en village
Parler d'amour au nom du ciel.
Voyez sa complaisance extrême :
Il annonce avec un souris
A l'épouse, à la vierge, un fils
Qu'obligeamment il fait lui-même.
  Satan apprend, dans les enfers,
Des anges les exploits divers.
Soudain de son trône il se lève :
« Sur les filles de la belle Ève,
Dit-il, nous avons seuls des droits.
Sans ma pomme que sauraient-elles ?
Passons-leur des goûts infidèles ;
Mais au moins partageons leur choix. »

Ils viennent : ces rivaux étranges
Quelquefois supplantaient les anges.
Toi donc, qui veux fixer l'amour,
Sois ange et démon tour à tour.
Les démons ne préludent guères,
Ils sont brusques et téméraires ;
Point de soupirs, point de langueur,
De soins, ni d'intrigue suivie ;
Ils vont au fait, et, pleins d'ardeur,
Le fait toujours les justifie.
Au rendez-vous si quelque amant
Faisait attendre sa maîtresse,
Un diable arrivait lestement,
Et saisissait l'heureux moment
Offert en vain à la paresse.
Un mari, comme il n'en est pas,
Ose-t-il sous la clé jalouse
Enfermer la timide épouse
Dont il néglige les appas ?
Satan punira cet outrage.
Porté sur les vents et l'orage,
Il vient au milieu des éclairs ;
Du sein des nuages ouverts,
Avec la foudre étincelante
Il tombe, brise les verrous,
Rassure l'épouse tremblante,
Et répète : Avis aux jaloux.
Voici bien pis : dans une fête,
Quand le sacrifice s'apprête,
Et lorsqu'un encens solennel
Parfume le champêtre autel,
Les démons paraissent en armes,
Et poussent le cri des combats.

Un sexe fuit ; malgré ses larmes,
Du plus faible on retient les pas.
Sa faiblesse fait sa puissance :
Une autre fête alors commence,
Fête d'amour et de plaisir,
Qui jamais ne devrait finir ;
Dans l'ombre de la nuit les diables
Se réunissaient quelquefois,
Et sans remords leurs mains coupables
D'un village embrasaient les toits.
Ces brigands du milieu des flammes
Sauvaient les filles et les femmes,
Et les consolaient jusqu'au jour.
Quel étrange et terrible amour !
  Ainsi que des démons femelles,
Il est des anges féminins,
Et par dépit ces immortelles
Recevaient des baisers humains.
La nuit dans un bois solitaire
Surprend-elle un jeune chasseur,
Au ciel sa naissante frayeur
Adresse une vive prière ;
Lucidine aussitôt paraît :
Douce surprise ! Moins timide,
Jusqu'à l'aube dans la forêt
Il retient son aimable guide.
L'adolescent dans son sommeil
Voit-il une amante divine !
Ses yeux s'ouvrent ; c'est Susurrine
Qui hâte et charme son réveil.
Plein de sa fidèle tendresse,
A l'ombre des bosquets déserts
Un amant chante, et dans ses vers

Compare aux anges sa maîtresse :
Pudorine passe ; il poursuit
Sa beauté, ses grâces nouvelles ;
Sourde et légère, elle s'enfuit ;
Mais du désir il a les ailes ;
Suivent les amoureux combats ;
En rougissant, sur ses appas
Elle étend sa main protectrice,
Le sort injuste la trahit ;
Elle fait un faux pas, et glisse :
C'est par là toujours qu'on finit.
   Du ciel les jeunes habitantes
Choisissent pour leurs rendez-vous
Des bosquets le jour faible et doux,
Un tapis de fleurs odorantes ;
Elles ménagent le bonheur,
Aiment les tendres confidences,
Les soupirs échappés du cœur,
La flûte et les longues romances.
De l'enfer les fières beautés
Demandent d'autres voluptés.
Il leur faut des rochers arides,
Le sable brûlant des déserts,
De vieux troncs de mousse couverts,
Et le bruit des torrents rapides :
Elles préfèrent aux soupirs
L'aigre cri des oiseaux sauvages ;
Rien n'intimide leurs désirs ;
En vain grondent les noirs orages,
La foudre éclaire leurs plaisirs.
   Les faveurs de ces immortelles
N'avaient aucun danger pour elles ;
Mais des anges les doux transports,

Ceux des diables, moins doux, plus forts,
De nos vierges firent des mères ;
Les géants naquirent alors,
Et prirent les goûts de leurs pères.
La force n'entend pas raison ;
Plus de lois. Dans certain village
Dont l'histoire oublia le nom,
S'établit un coupable usage.
De ses voiles officieux
Lorsque la nuit couvre les cieux,
Toutes les femmes, je dis toutes,
Dans les détours d'un bois épais
S'enfoncent, et peuplent ses routes.
Les hommes arrivent après.
Le silence est sur chaque bouche.
Au hasard la main cherche et touche.
A-t-elle choisi ? Les refus
Comme un crime sont défendus.
Après ce mélange bizarre,
Sans se connaître on se sépare,
Et l'on trouve un heureux sommeil.
Aux premiers rayons du soleil,
Tout changeait ; l'ordre et la décence,
Le sage hymen, le tendre amour,
Les soins, l'éternelle constance,
Etaient réservés pour le jour.
  Trop souvent le mal a des ailes,
Tandis que le bien est boiteux.
Ces gens étaient peu scrupuleux ;
D'autres s'amusèrent comme eux ;
D'autres surpassaient leurs modèles.
Bientôt l'abomination,
Que suit la désolation,

S'étendit et couvrit la terre ;
Et Dieu, dans sa juste colère,
S'écria : « Fougueux ouragans,
Chargez-vous de grêle et de pluie ;
Soufflez sur cette terre impie,
Et noyez tous ses habitants.
J'eus tort de créer cette espèce
Avide du fruit défendu ;
Je m'en repens, je le confesse ;
Et pourtant j'avais tout prévu. »
   Noé, ses enfants et son arche,
Furent le précieux noyau
D'où sortit un monde nouveau.
De l'ancien il prit la marche.
L'homme toujours se dépravant,
Au risque d'un second déluge,
Fut à la barbe de son juge
Plus libertin qu'auparavant.
   Le seul Abraham, loin des villes
Où naissaient les arts corrupteurs,
Heureux dans ses vallons fertiles
Du vice préserva ses mœurs.
Il en reçut la récompense.
De la famine menacé,
A regret il se vit forcé
De chercher Memphis : l'innocence
Y courait des risques, dit-on ;
Les maris tremblaient à ce nom.
« Sara, vous êtes jeune et belle,
Dit Abraham ; je crains pour vous.
Ces gens traitent de bagatelle
Ce qui désole un pauvre époux.
Toujours le bien d'autrui les tente.

A leurs yeux passez pour ma sœur,
Non pour ma femme ; cette erreur
Préviendra ce qui m'épouvante. »
    Le bonhomme se trompait fort.
Des courtisans remplis de zèle
A leur maître firent d'abord
De Sara le portrait fidèle.
« Du frère que l'on prenne soin,
Dit-il ; bon lit et bonne chère.
Pour la sœur, il n'est pas besoin
D'un lit nouveau ; c'est mon affaire. »
    A la nuit close, près du roi
La belle se laissa conduire,
En disant : « Que veut-il de moi !
Si tard ! à peine je respire. »
Aux prières elle eut recours ;
Par un baiser on la fit taire.
Un roi, quoi qu'il fasse, est toujours
L'image de Dieu sur la terre ;
Et puis Abraham l'a voulu,
Et sans doute il a tout prévu ;
Mieux qu'elle il sait ce qu'on doit faire.
C'est ainsi qu'elle raisonnait ;
Et sa docilité crédule
Prenait et rendait sans scrupule
Tout le plaisir qu'on lui donnait.
    Mais voilà qu'un affreux tapage
Rompt le silence de la nuit :
Tous les vents soufflent avec rage ;
Sur les toits la grêle à grand bruit
Tombe et rebondit ; du nuage
Mille éclairs fendent l'épaisseur ;
On voit l'ange exterminateur,

Terrible, debout sur l'orage,
Lever son glaive destructeur.
Ses regards commandaient la crainte,
Et sur son front était empreinte
La menace du Dieu vengeur.
Il parle, et la frayeur augmente :
« Voici ce que dit l'Éternel :
J'aime Abraham : sa voix touchante
A percé la voûte du ciel.
Monarque injuste, écoute et tremble.
Rends cette femme à son époux,
Et qu'un même lit les rassemble ;
Rends-la ; je suis le Dieu jaloux. »
« J'ignorais qu'elle fût sa femme,
Dit le prince un peu sèchement :
S'il se plaint, c'est injustement.
A cette épouse qu'il réclame,
Pourquoi donner le nom de sœur ?
Ce nom, que j'ai cru véritable,
Causa son prétendu malheur.
De sa feinte suis-je coupable ?
Je lui rends la jeune Sara ;
Je la rends innocente et pure ;
Le temps m'a manqué, je vous jure ;
Elle-même vous le dira. »
    La belle trouva plus honnête
D'éviter l'explication,
Et de baisser un peu la tête
En signe d'approbation :
Et quand sa main alla reprendre
Celle de son mari boudeur,
Elle tourna sur le menteur
Un œil reconnaissant et tendre.

Ils partirent le lendemain.
D'abord on garda le silence ;
Puis quelques mots sans conséquence
Sur le beau temps, sur le chemin ;
Par degrés ce fâcheux nuage
S'éclaircit ; au déclin du jour,
On sourit, on parla d'amour ;
Et depuis on fit bon ménage.
Un fils manquait à leur bonheur.
Du Ciel ils avaient la promesse.
Pour l'accomplir, avec ardeur
Ils travaillaient ; et leur jeunesse
S'écoulait dans ce vain labeur.
Enfin l'épouse débonnaire
S'avisa d'un nouveau moyen,
Très-simple, et qui réussit bien.
« Dieu t'a promis le nom de père,
Dit-elle à son mari. — Cent fois.
— Mais il n'a pas borné ton choix ;
Il n'a point désigné la mère.
— Non. — Je le vois avec chagrin,
Le Seigneur a fermé mon sein,
Conclusit me : prends cette fille
Qui d'Égypte nous a suivis,
Elle est jeune, fraîche et gentille.
Agar te donnera des fils.
— Soit, essayons : mais de ma couche
Crois-tu qu'elle veuille approcher ?
Elle est sage, un rien l'effarouche.
— Moi-même je vais la chercher. »
Elle sort, instruit sa rivale,
Combat ses timides refus,
Et sur la couche nuptiale

Elle place ses charmes nus.
Leçon touchante pour les femmes !
L'hymen serait un paradis,
Si vous aviez souvent, mesdames,
Ces petits soins pour vos maris.
　　Ce sacrifice un peu pénible,
Mais assez fréquent dans la Bible,
Ne fut point perdu devant Dieu.
Il s'en souvint en temps et lieu.
Sara vieillit, sans plus attendre
Ce fils annoncé tant de fois.
Quatre-vingt-dix ans et trois mois
Courbaient sa tète : que prétendre
A cet âge, avec un mari
Qui comptait un siècle accompli ?
Des morts réchauffe-t-on la cendre ?
Or, un jour que paisiblement
Ils causaient devant leurs cabanes,
Invisible pour les profanes,
Dieu leur apparaît brusquement.
Ils se prosternent et l'adorent.
« Béni soit mon maître et seigneur
Qui visite son serviteur,
Dit Abraham ! nos vœux implorent
Une autre grâce ; qu'en ce lieu
Il daigne s'arrêter un peu ;
Qu'assis sous ce toit de verdure,
Il permette à nos faibles mains
De verser sur ses pieds divins
Une eau rafraîchissante et pure. »
Jéhovah, comme vous savez,
Aux gens simples se communique ;
Il s'assit sous un arbre antique ;

Et quand ses pieds furent lavés,
On servit le festin rustique,
Un pain blanc, du beurre et de l'eau,
Du lait qu'à l'instant même on tire,
Et pour dessert un jeune veau
Que sur des charbons on fait cuire.
Dieu dîna de bon appétit
Par complaisance, et puis il dit :
« Ce fils trop annoncé peut-être,
Ce fils qui sera juste et bon,
Ce cher fils, eh bien, il va naître.
D'Isaac qu'il porte le nom. »
A ces paroles, dans son âme
Le bonhomme rit et douta ;
Mais de son indiscrète femme
Le rire avec force éclata.
Dieu lui dit : « Apprends, téméraire,
Créature vaine et sans foi,
Que la raison doit devant moi
S'humilier, croire, et se taire.
— Seigneur, que votre voix sévère
Daigne s'adoucir ; un enfant
Fait par nous ! le moyen d'y croire ?
J'ai perdu jusqu'à la mémoire.
— Je me nomme le Tout-Puissant.
— Nous sommes si vieux ! — Bagatelle.
— Une indigestion vient-elle
A femme qui ne mange pas ?
— L'appétit peut renaître. — Hélas !
Je le vois, avec sa servante
Le Seigneur s'amuse et plaisante.
— Adieu, dès demain tu croiras. »
Qu'avec raison l'on vous regrette,

Jours d'innocence, jours heureux !
Moins sédentaire dans les cieux,
Dieu visitait notre planète,
Et tout en allait beaucoup mieux.
Les anges parcouraient la terre,
Chargés de messages divins,
Et leur présence toujours chère
Servait de spectacle aux humains.
Grâce à leurs charmantes figures,
Chez des gens sans mœurs et sans lois
Il leur arrivait quelquefois
D'assez fâcheuses aventures.
Sodome paya cher l'affront
Que sa brutale impertinence
Imprima sur leur chaste front.
Le châtiment suivit l'offense.
  Le ciel avait vengé l'amour,
Sodome était réduite en poudre,
Et les derniers traits de la foudre,
Tombaient sur cet affreux séjour.
Loth, débarrassé de sa femme,
Fuyait gaîment ces tristes lieux,
Bénissant le ciel en son âme,
Et disant : Tout est pour le mieux.
Ses filles, respirant à peine,
Près de lui viennent se ranger :
Leur frayeur survit au danger ;
Et vers la montagne prochaine
Tous trois courent d'un pied léger
Un antre devient leur asile ;
Mais ce séjour n'a rien d'affreux.
Le rocher lentement distille
Une eau qui tombe exprès pour eux :

Cette eau qui descend goutte à goutte,
Et semble se perdre en vapeurs,
S'unit, coule, et marque sa route
Par un léger ruban de fleurs.
Planté par la sage nature,
Un large buisson de rosiers
Pouvait aux animaux guerriers
De l'antre cacher l'ouverture.
Des pampres chargés de raisins
Courent sur le roc et serpentent.
Au fruit coloré qu'ils présentent
Déjà Loth a porté ses mains.
Tandis qu'il remplit la corbeille,
Phéoné tout bas à l'oreille
Disait à la jeune Thamna :
« Eh bien ! qu'en penses-tu, ma chère ?
Adieu l'hymen, et nous voilà
Désormais seules sur la terre.
Notre sort est bien malheureux !
Plus de ressource. — Il n'en est guère.
— Pas un homme, et nous sommes deux.
— Il en reste un. — C'est notre père.
— C'est le seul, et ce mot dit tout.
— La nécessité nous absout,
J'en conviens ; mais à la sagesse
Loth est fidèle : ne crois pas
Que vers nous il fasse un seul pas.
— Peut-être. — Et quel moyen ? — L'ivresse.»
  Pendant ce rapide entretien
Dont le papa n'entendit rien,
Et qui colora leur visage,
La cadette, suivant l'usage,
Apprêtait le repas du soir.

C'était sur le nectar des treilles
Qu'elle fondait tout son espoir :
Elle en prépara deux bouteilles.
    Les premiers moments d'un soupé
Sont toujours donnés au silence ;
Puis un discours entrecoupé
Commence, tombe et recommence ;
L'esprit s'anime, et l'enjoûment
Du dessert forme l'agrément,
Au dessert bientôt Loth arrive,
Et sa gaîté devient plus vive.
Ses filles, tout en l'écoutant,
Suivaient-leur insolente idée ;
Sa coupe, à chaque instant vidée,
Se remplissait à chaque instant.
Par degrés sa langue affaiblie
Dans ses discours s'embarrassa.
Un dernier verre on lui versa,
Et sa raison devint folie.
Si j'en crois de savants rabbins
Qui sur ce texte ont fait un livre,
Le bonhomme n'était pas ivre,
Mais seulement entre deux vins.
    Thamna sourit, tourne la tête ;
Et pour ne pas troubler la fête,
Elle s'éloigne prudemment.
Assise dans l'enfoncement,
La jeune et maligne pucelle
Lorgnait du coin de la prunelle,
Et son cœur battait fortement.
La nuit survient, et la pauvrette
S'endort, ne pouvant faire mieux ;
Mais un songe capricieux

Tourmenta son âme inquiète.
Sous des ombrages parfumés
Tout à coup elle est transportée.
Dans cette retraite enchantée,
Tout plaît à ses regards charmés.
La nature y paraît plus belle,
Le ciel plus pur, et l'air plus doux.
Un amant tombe à ses genoux ;
Il est tendre, il sera fidèle.
Mais la scène a déjà changé :
Les vents précurseurs de l'orage,
En sifflant, courbent le feuillage ;
De vapeurs le ciel est chargé ;
L'éclair a déchiré la nue ;
Thamna s'enfuit ; avec fracas
La foudre soudain descendue
La suit et s'attache à ses pas.
Puis un souvenir pour sa mère ;
Puis un retour vers ce jardin,
Vers ce bocage solitaire
Où l'amour lui tendait la main.
Puis à Sodome elle croit être.
« Viens, lui disait un jeune traître ;
Viens donc, mon bel ange. » A ce mot,
Elle se réveille en sursaut.
D'un tel songe encore étonnée,
Elle entend bientôt son aînée
Qui tout bas l'appelle : « Ma sœur ?
—Eh bien ! que veux-tu ?—Prends ma place.
—A dire vrai, j'ai quelque peur.
—Le temps fuit, et l'ivresse passe. »
　Du vin que l'on buvait alors
La vertu tenait du miracle,

Puisque Loth sans beaucoup d'efforts
Sut triompher d'un double obstacle ;
Et même on dit que le papa,
Rajeunissant dans la victoire,
Lestement décupla sa gloire.
On n'en fait plus de ces vins-là.
  Il se réveille avec l'aurore
Bien dégrisé, quoiqu'un peu las.
Ses filles sommeillaient encore.
Nul indice de leurs ébats.
Leur bon et respectable père
Les baise, non plus en amant ;
Et tous trois bien dévotement
S'agenouillent pour la prière.
  C'est à regret que j'ai conté
Cette aventure un peu gaillarde.
Les saintes du jour par mégarde
La liront ; pour leur chasteté
Quelle image ! mais quoi qu'on fasse,
Dans un livre tout n'est pas bon :
Ici du moins la Bible place
L'antidote après le poison.
  De nos filles sois le modèle,
Toi, qui fus belle, et plus que belle,
Douce et touchante Rébecca :
Ton nom rappelle l'innocence,
Et toujours avec complaisance
Le Parnasse te chantera.
  La nuit était déjà prochaine,
Quand le fidèle Jézahor
S'arrêta près d'une fontaine
Devant la ville de Nachor.
Une fille charmante arrive,

Tenant une cruche à la main :
Sa voix d'une chanson naïve
Répète le pieux refrain.
A son air on voit qu'elle est sage.
Elle s'approche : « Homme inconnu,
Dit-elle d'un ton ingénu,
La sueur mouille ton visage ;
Goûte la fraîcheur de ces eaux,
Et désaltère tes chameaux
Fatigués par un long voyage. »
Son offre plaît à Jézahor ;
Dans la cruche il se désaltère ;
Puis la cruche s'emplit encor,
Et verse aux chameaux l'onde claire.
Elle reprend avec bonté :
« Le jour fuit ; dans l'obscurité
Tes pas vont s'égarer sans doute ;
Prends chez nous l'hospitalité ;
Demain tu poursuivras ta route.
— Oui, j'entrerai dans ta maison,
Fille aimable ; quel est ton nom ?
—Je suis Rébecca ; j'ai pour père
Le bon et juste Bathuel,
Neveu d'Abraham.—Jour prospère !
Rébecca, je bénis le ciel,
Le ciel qui dans ce lieu champêtre
A sans doute guidé mes pas.
Si l'espoir ne m'abuse pas,
Voilà l'épouse de mon maître. »
  Dans la ville alors il la suit,
Et chez Bathuel introduit,
Il s'acquitte de son message.
Pour Isaac il demanda

Une compagne jeune et sage,
La vertueuse Rébecca ;
Et le bon père l'accorda.
Elle partit avant l'aurore,
Le cœur tremblant et plein d'amour ;
Elle trembla durant le jour ;
Le soir elle tremblait encore ;
Et voyant quelqu'un s'approcher,
Elle dit d'une voix timide :
« On vient à nous d'un pas rapide ;
Quel homme ainsi peut nous chercher ?
— Sans doute que l'amour le guide ;
Rassurez-vous. » Son cri subit
Remplaça le salut d'usage,
Et sa main pudique étendit
Un voile épais sur son visage
    Que ne puis-je toujours tracer
De pareils tableaux ! mais traduire,
C'est être esclave ; il faut tout dire ;
Sous vos yeux Dina doit passer.
Du bon Jacob c'était la fille,
Pucelle encore, et trop gentille
Pour conserver ce titre-là.
Un jour cette belle Dina,
Dans une vague rêverie,
Foulait les fleurs de la prairie,
Et des cabanes s'éloigna.
Pensers de vierge, c'est-à-dire
Pensers d'amour troublent son cœur.
Elle chante ou plutôt soupire
Ces mots où se peint la candeur :
    « Je suis aussi fraîche que l'aube.
Aux regards en vain je dérobe

De mon sein le double trésor :
Toujours sa rondeur indocile
Repousse le voile inutile,
Hélas ! et je suis vierge encor ! »
  « La nature semble amoureuse.
Les troupeaux sur l'herbe poudreuse
A leurs désirs donnent l'essor ;
Des oiseaux le doux badinage
Agite à mes yeux le feuillage ;
Hélas ! et je suis vierge encor ! »
  « Cette nuit... trop heureux mensonge !
Un ange m'apparut en songe.
Il rayonnait d'azur et d'or.
Sur son sein brûlant il me presse ;
Je me réveille dans l'ivresse ;
Hélas ! et je suis vierge encor ! »
  Sa chanson finissait à peine,
Le roi de la cité prochaine
L'aperçoit, l'arrête, et lui dit :
« Partagez mon trône et mon lit. »
A ces mots il la traite en reine.
Vainement dans ses bras nerveux
Se débat la faible bergère ;
Par un hasard involontaire
Cet effort l'enchaîne encor mieux.
  Que faire alors ? Dina vaincue
Pardonne à cet audacieux,
Et livre sa bouche ingénue
A ses baisers impérieux.
Soudain, par leur vive jeunesse
Vers la jouissance emportés,
Tous deux des molles voluptés
Boivent la coupe enchanteresse.

Des bras de sa belle maîtresse
L'imprudent se dégage enfin :
Son front est riant et serein,
Son âme nage dans l'ivresse ;
Et tandis qu'un nouveau désir
Déjà l'embrase et le dévore,
Sa victime soupire encore
Et de douleur et de plaisir.
Reine par le fait, pouvait-elle
Refuser d'en prendre le nom ?
Le sceptre lui plaisait, dit-on :
Un sceptre plaît à toute belle.
    Sichem dans son petit palais
Conduit son épouse nouvelle,
Et la présente à ses sujets.
Un d'entre eux lui dit : « Sans colère
Daigne écouter ton serviteur.
De Dina Jacob est le père :
Ce puissant et riche pasteur
A douze fils ; jeunes et braves,
Ils peuvent, armant leurs esclaves,
Ravager nos fertiles champs :
Préviens ce danger. — J'y consens.
Je veux plaire à celle que j'aime ;
Aux siens je veux offrir moi-même
Une alliance et des présents. »
    Le lendemain d'assez bonne heure
Il va chercher dans sa demeure
L'honnête et vertueux vieillard,
Et lui dit : « Ta fille m'est chère,
Elle m'aime ; deviens mon père,
Et de mes biens prends une part.
Que la paix rentre dans vos âmes.

Je suis juste, mon peuple est doux :
Pour vos fils nous avons des femmes.
Et pour vos filles des époux.
— Non, d'un hymen illégitime
Les plaisirs nous sont interdits,
Et des peuples incirconcis
L'alliance est pour nous un crime.
— Eh bien ! j'obéis à ta loi.
Au superflu je ne tiens guères ;
Dès ce soir, mes sujets et moi,
Nous retrancherons ces misères.
— Fort bien ; par l'hymen confondus,
Alors nous ne formerons plus
Qu'un seul peuple, un peuple de frères. »
    Jacob était sincère ; mais
Ses enfants secouaient la tête :
Au monarque ainsi qu'aux sujets
Ils préparaient une autre fête.
    Le soir même on fait publier,
Et dans la ville on va crier
Un édit qui porte en substance
Que tous les mâles sur-le-champ
S'armeront d'un outil tranchant,
Et couperont la différence
Qui se trouve entre eux et Jacob ;
Signé Sichem, plus bas, Naob.
    Le peuple s'étonne et murmure.
« La prodigue et sage nature
D'un superflu nous a fait don ;
Pourquoi s'en priver ? ma foi, non.
De son bien que le roi dispose ;
Mais du nôtre, c'est autre chose. »
Sichem harangue les mutins ;

De l'alliance qu'il ménage
Il leur démontre l'avantage,
Les profits nombreux et certains.
De forts poumons et des promesses,
Des menaces et des caresses,
Persuadent facilement.
A l'instant chaque Sichémite
Se transforme en Israélite,
Et puis se couche tristement.
    Ils sommeillaient, ces pauvres diables,
Lorsque les fils impitoyables
Du bon Jacob et leurs cousins,
Et leurs amis et tout leur monde,
Du manteau de la nuit profonde
Couvrant leurs perfides desseins,
Entrent dans la ville : à leur tête
J'aperçois Ruben ; il s'arrête,
Se tourne et dit : « Partageons-nous ;
Séparément portons nos coups.
Ces gens, auxquels je m'intéresse,
Malades sont, guérissons-les,
Mais pour toujours ; point de faiblesse.
Moi, je me charge du palais. »
Dans la ville aussitôt les traîtres
S'élancent; à leurs cris affreux
Se mêlent des cris douloureux.
On brise portes et fenêtres ;
On entre, on tue, et puis l'on sort ;
On entre, ailleurs, et l'on assomme ;
Et sans excepter un seul homme,
De tout malade on fit un mort.
La nuit avait vu le carnage ;
Le jour éclaira le pillage ;

Il fut complet ; et les vainqueurs,
Chargés de dépouilles sanglantes,
Poliment aux veuves tremblantes
S'offrirent pour consolateurs.
    Du hameau l'on reprit la route.
Le pauvre Sichem n'était plus.
Dina, baissant des yeux confus,
Soupirait, et la Bible doute
Si c'était regret ou plaisir
D'être vengée ; on peut choisir.
Ce monsieur Ruben si sévère,
Et si chatouilleux pour Dina,
Convoitait la jeune Bala,
Concubine de son vieux père.
Au pied d'un oranger en fleurs,
Étendu sur un lit de mousse,
Un jour d'une voix lente et douce
Il chantait ainsi ses douleurs :
    « C'est en fait, j'ai cessé de plaire ;
Bala m'a retiré son cœur ;
Elle m'a dit : fuis, téméraire,
Et c'est l'arrêt de mon malheur. »
    « Adieu, touchante rêverie,
Adieu, riant et frais séjour,
Adieu le printemps et la vie,
Adieu tout, puisque adieu l'amour. »
    « Trop d'audace a causé ma perte.
J'ai vu son sourire enchanteur,
J'ai baisé sa bouche entr'ouverte,
Et j'ai cru baiser une fleur. »
    « Adieu, touchante rêverie,
Adieu, riant et frais séjour,
Adieu le printemps et la vie,

Adieu tout, puisque adieu l'amour. »
  « Malgré le courroux qui l'anime,
Je ne saurais me repentir ;
Et du baiser qui fait mon crime
J'aime encore le souvenir. »
  « Adieu, touchante rêverie,
Adieu, riant et frais séjour,
Adieu le printemps et la vie,
Adieu tout, puisque adieu l'amour. »
  Tandis que sa plainte si tendre
Éveille l'écho de ces lieux,
Un bruit léger se fait entendre,
Deux mains viennent fermer ses yeux ;
Une bouche effleure la sienne,
Et dit : « Demeure en ce séjour ;
Bala pardonne et te ramène
Le printemps, la vie et l'amour. »
  Toujours le pardon autorise
D'autres larcins : en ce moment,
Sur l'arbre qui les favorise
Le vent passe rapidement ;
Les branches aussitôt penchées
Forment un dais voluptueux,
Et les fleurs qu'il a détachées
Pleuvent sur le couple amoureux.
  Combien notre Bible est naïve !
Siècle présent, siècle immoral,
De la simplesse primitive
Et de l'âge patriarcal
Lis du moins l'histoire instructive.
On y viole assez souvent ;
Souvent on s'y permet l'inceste ;
Mais l'acte le plus immodeste

Y prend un air presque décent.
  Judas voyait sa bru gentille,
Veuve trop tôt et sans famille,
Se dessécher comme une fleur
Que néglige le laboureur.
Pour mettre à profit sa jeunesse,
Et pour égayer sa tristesse,
Il dit au second de ses fils :
« Vole chez Thamar, obéis.
Thamar est fraîche encore, et belle ;
Aime-la, fais-lui des enfants
Qui l'honorent dans ses vieux ans,
Et qui puissent hériter d'elle. »
  Mais Onan, dont l'avidité
Sur l'héritage avait compté,
N'obéit point ; sa fantaisie
S'avisa d'un autre moyen.
Il trouvait la veuve jolie,
Et l'aimait quoiqu'il n'en dît rien.
Il épousa donc son image ;
Et, l'ornant de nouveaux appas,
Il lui prodiguait un hommage
Qu'elle-même n'obtenait pas.
Dieu le vit, et dit ces paroles :
« Mes regards ne sauraient souffrir
Ce ridicule et sot plaisir,
Qui sera celui des écoles.
Que ce nigaud meure ! » Il est mort.
  Thamar n'en fut pas plus heureuse.
Sa jeunesse encor scrupuleuse
Du veuvage s'ennuyait fort.
« Bannis un souvenir funeste,
Lui dit Judas ; un fils me reste :

L'usage établi parmi nous
Veut qu'un jour il soit ton époux.
L'affreuse mort dans ta demeure
Frappa ses aînés ; je les pleure,
Mais je suis juste : quand Séla,
Dont l'enfance finit à peine,
Dans la jeunesse avancera,
Sa main demandera la tienne,
Et ma bouche vous bénira.
Va donc attendre chez ton père
Ce jour heureux : sans doute ailleurs
Ton chagrin pourra se distraire.
Ici tout nourrit tes douleurs. »
Thamar à sa voix fut docile
Elle partit le lendemain ;
Et, dans le village voisin,
Vécut solitaire et tranquille.

Séla grandissait ; sous ses yeux
Croissait une esclave jolie,
Que dès l'enfance il a chérie,
Et qui partage tous ses jeux.
Ce sont les jeux de l'innocence :
Mais depuis l'aube jusqu'au soir
Ils se cherchaient, sans le savoir ;
En se quittant, de se revoir
Chacun emportait l'assurance ;
Et plus tendre de jour en jour,
Leur amitié devint amour.

Tous deux l'ignoraient. Sans mystère
La fidèle et charmante Ada
Aux champs accompagnait Séla,
Et lui donnait le nom de frère.
Ce frère des désirs naissants

Éprouvait la vive piqûre;
Sans les éclairer, la nature
Éveillait son âme et ses sens.
Cette fièvre est contagieuse.
Le couple malade et surpris
Se plaint d'une voix amoureuse ;
Aux plaintes succèdent les ris ;
Les ris font place à la tristesse ;
Pour se distraire, avec vitesse
On court sur le gazon touffu :
On s'arrête, et l'on parle encore
De ce mal toujours inconnu,
Et du remède qu'on ignore.
« Mon frère, d'un esprit malin
Ce que nous sentons est l'ouvrage.
Que faire ? — Donne-moi ta main ;
Pour un moment cela soulage.
— Touche mon cœur. — Ah ! comme il bat !
On a jeté sur nous un charme,
Tes yeux pétillent ; cet éclat
N'est pas naturel, et m'alarme.
— Les tiens brillent du même feu.
— Presse mon front, ma sœur. — Ah ! dieu !
Quelle chaleur !..... le baiser même
N'y peut rien ; ma crainte est extrême.
J'imagine.... Attends un moment.
Ma guirlande, qu'heureusement
Dans un lieu frais j'ai déposée,
Humide encore de rosée,
Rafraîchira ton front brûlant. »
Pour éteindre ce feu rebelle,
Qu'ils attisaient sans le vouloir,
Dans la même onde chaque soir

Ils se baignent ; façon nouvelle
De chasser l'importun désir.
Innocents et nus, sans rougir
Ils entrent dans cette eau limpide.
Rien n'échappe au regard avide ;
Tout s'offre au baiser amoureux ;
Et de ce bain voluptueux
On devine l'effet rapide.
De l'onde ils sortent plus épris.
Sans projet, sur ces bords fleuris
Ils se couchent dans l'herbe épaisse,
Qui les recouvre et les caresse.
Voilà leurs bras entrelacés ;
L'un contre l'autre ils sont pressés ;
De volupté chacun soupire ;
Chacun, d'ivresse consumé,
Avec avidité respire
L'haleine de l'objet aimé.
« O mon frère ! ce mal dessèche
Ta bouche auparavant si fraîche. »
La tendre Ada parlait ainsi ;
Et soudain ses lèvres charmantes,
Ses longs baisers, de son ami
Humectent les lèvres brûlantes.
  Cependant du toit paternel
Thamar se lassait, sans le dire.
Après l'hymen elle soupire.
Chaque matin sa bouche au ciel
Fait cette prière naïve :
« A mes vingt ans n'ajoute rien.
Mais de Séla tu devrais bien
Hâter la jeunesse tardive. »
Un jour que seule dans les champs

En rèvant elle se promène,
Et de loin lorgne les passants,
Un berger traverse la plaine.
« C'est lui, dit la veuve tout bas,
Lui-même ; quel dessein le guide ? »
Le jeune homme d'un air timide
L'aborde : « Ne t'offense pas
Si j'arrête un moment tes pas :
Tourne sur moi des yeux propices.
Quelle est la femme dans ces lieux
Dont le savoir mystérieux
Chasse, dit-on, les maléfices ?
— Mes traits te sont donc inconnus ?
— Oui, je n'ai nulle souvenance...
— Qu'entre nous l'amitié commence.
Fils de Judas, ne cherche plus
Cette femme que Dieu protége ;
Tu la vois. — Eh bien ! oserai-je
De vous attendre un entretien ?
— J'écoute, parle, et n'omets rien. »
   Longuement alors il explique
La fièvre étrange et sympathique
Qui le tourmente, ses progrès,
Et la nature, et l'insuccès
Des remèdes qu'il imagine.
Le lecteur aisément devine
De Thamar le dépit jaloux.
Mais à quoi bon un vain courroux ?
Il vaut mieux, en femme prudente,
Saisir l'occasion présente
Toujours si prompte à s'échapper,
Et sur l'hymen anticiper.
Thamar à la raison docile

Réplique donc en souriant :
« Ce mal-là n'a rien d'effrayant,
Et le remède en est facile.
Mais ici passent les bergers :
Et l'ombre la plus solitaire
A mes leçons est nécessaire.
Suis-moi dans ce bois d'orangers. »
Dans le bois donc ils disparaissent.
Un vert tapis s'offre à propos
Sous la voûte des longs rameaux
Qui s'entrelacent et se pressent.
« De ce lieu j'aime la fraîcheur,
Dit Thamar ; vive est la chaleur,
Et nous avons marché bien vite. »
Sur l'herbe elle se précipite.
Aussitôt son adroite main
Entr'ouvre sa blanche tunique,
Moins blanche que son joli sein ;
Puis d'un ton grave et prophétique :
« Les paroles, mon jeune ami,
N'instruisent jamais qu'à demi.
De ta guérison je suis sûre ;
Mais je ne saurais l'achever
Sans connaître, sans éprouver
Les remèdes que la nature
Te suggéra jusqu'à présent
Contre un mal toujours renaissant.
— A mes côtés Ada se place.
— Ensuite ? — Ensuite je l'embrasse ;
Et, lui donnant le nom de sœur,
Je la presse ainsi sur mon cœur.
— Fort bien ; mais Ada que fait-elle ?
— Beaucoup compatissante et belle,

Ada me serre également.
— Comme cela ? — Plus fortement.
— Après ? — Après, dans l'herbe haute
Nous voilà couchés. — Côte à côte ?
— Sans doute. — Alors que faites-vous ?
— L'embrassement devient plus doux ;
Cette fièvre qui nous agite
Redouble ; notre cœur palpite ;
Notre bonheur est douloureux.
— Oh! vraiment je vous plains tous deux.
— Dans nos veines le feu circule.
Ce feu qui lentement nous brûle,
Et qui nous glace quelquefois,
Résiste au baiser. — Je le crois.
Et ce baiser est-il bien tendre ?
— Jugez vous-même, le voici.
— Cher Séla, ce n'est pas ainsi
Qu'il faut le donner et le rendre.
— Comment donc ? — Retiens ma leçon...
— Oui, charmante est cette façon.
Encore. — Volontiers. — Encore.
— J'y consens. — Funeste bienfait !
Du mal secret qui me dévore
De nouveau j'éprouve l'effet.
— Il s'apaisera, je l'espère.
— Eh bien ! dites, que faut-il faire ? »
  Un silence plein de douceur
Suivit cet entretien rapide.
C'est un repos pour le conteur ;
Et mon intelligent lecteur
Aisément suppléera ce vide.
Séla recouvre enfin la voix,
Et veut s'instruire une autre fois.

A lui permis ; mais le poète,
Jugé toujours sévèrement,
Ne doit pas imiter l'amant
Qui recommence et se répète.
Du remède bien assuré,
Il quitte enfin son joli maître.
« De mon absence Ada peut-être
Plus d'une fois a soupiré,
Disait-il. Elle va connaître...
Doux moment ! Me voici, ma sœur,
Et je t'apporte le bonheur. »
    De celle qu'il croyait heureuse
Combien la plainte douloureuse
L'étonna ! Plus qu'elle il pleurait.
« Chère Ada, pardonne à ton frère,
Pardonne : une femme étrangère
M'a guéri ; de son doux secret
J'irai m'instruire davantage ;
Ton bonheur sera mon ouvrage. »
    Il ne voit pas le lendemain
Cette femme dont l'art divin
En plaisir sait changer la peine.
Déjà dans une attente vaine
Trois jours, trois siècles, sont passés ;
L'impatience le dévore.
Le quatrième, il cherche encore,
Et voilà ses vœux exaucés.
Sans feinte, et non pas sans murmure,
Il conte sa mésaventure
A la friponne qui sourit ;
Puis d'un ton plus doux il lui dit :
« Vous êtes si bonne et si belle !
De grâce, une leçon nouvelle. »

Pour réponse dans les sillons
Que dorent les riches moissons
D'un pas rapide elle s'avance.
Le jeune homme suit en silence.
Au milieu du champ parvenus,
La hauteur de ces blés touffus
Laisse à peine entrevoir leur tête.
Alors l'heureux couple s'arrête,
Partout promène un œil discret.
Sourit, se baisse, et disparaît.
Soudain sur la moisson mobile
S'élève un souffle caressant,
Qui balance et courbe, en glissant,
Des épis la cime docile.
Un temps assez long s'écoula :
Mais enfin l'aimable Séla
Reparaît, et Thamar ensuite.
L'écolier mieux instruit la quitte.
Des blés à pas lents elle sort :
Pour s'y rendre elle allait plus vite.
Pour vous, la belle, je crains fort
Du passant l'œil et la critique.
Comment voulez-vous qu'il explique
Ces yeux languissamment baissés,
A vos talons cette poussière,
Ces vêtements un peu froissés,
Qui sur l'herbe longtemps pressés
Ont pris sa couleur étrangère,
Et ces brins de paille légère
A vos cheveux entrelacés ?
Séla, par elle plus habile,
Courut vers la docile Ada,
Qui de ses leçons profita.

Cette étude est douce et facile.
    Judas des prétendus amis
Sait les amours, et les tolère.
Un tel passe-temps à son fils
Rendait l'hymen peu nécessaire ;
Et c'est l'hymen qu'il redoutait.
Vainement Thamar y comptait ;
En vain Séla croissait en âge ;
Pas un seul mot du mariage.
« Thamar déjà veuve deux fois
Pourrait bien l'être une troisième,
Disait le père : elle a des droits ;
Mais je crains pour un fils que j'aime. »
    Un jour à Thamar on apprit
Que Judas, pour un court voyage
S'éloignant du toit qu'il chérit,
Allait passer près du village.
Elle quitte alors promptement
Du veuvage le vêtement ;
D'herbe et de fleurs elle couronne
L'ébène de ses longs cheveux,
Entoure d'anneaux précieux
Ses bras et sa jambe mignonne,
Découvre un des globes de lis
Que voile l'usage sévère,
Et prend la tunique légère
Des courtisanes de Memphis.
Une heure à peine est écoulée,
Descendant du coteau voisin,
Le beau-père sur le chemin
Rencontre une femme voilée.
« Son maintien gracieux et doux
Me plaît, dit-il ; sa taille est fine ;

Ses mains blanches comme l'hermine
Retombent sur ses deux genoux.
Abordons-la... Belle inconnue,
Qu'un sort propice offre à ma vue,
Que le Seigneur soit avec vous !
Malgré le voile qui vous cache,
Vos attraits ont touché mon cœur :
Voulez-vous que ma main détache
La ceinture de la pudeur ?
— Je ne suis point femme publique.
Mais celui qu'un usage antique
Rend l'arbitre de mes destins
Semble m'oublier. — Je vous plains.
— Malgré mes droits il me refuse
Un époux. — Prenez un amant.
Son injustice est votre excuse.
— Le puis-je ? parlez franchement.
— Sans doute ; et de la circonstance
Vous devez même profiter.
Ces blés qu'un souffle ami balance
Au plaisir semblent inviter.
— Il est vrai ; mais pour récompense
Qu'obtiendrai-je ? — Un jeune chevreau,
Que chez vous je ferai conduire.
— Au traité je veux bien souscrire,
Si pour garant j'ai votre anneau.
Sur l'avenir qu'il me rassure.
— Je vous le donne ; mais pourquoi
Joignez-vous à votre parure
Ce voile jaloux ? — Jurez-moi
De le respecter. — Je le jure. »
    Le soir même le bon Judas
Dit à son esclave fidèle :

« Ecoute ; et prouve-moi ton zèle
Dans le troupeau tu choisiras
Un chevreau, qu'il te faut conduire
Discrètement et sans mot dire
Au village qu'on voit là-bas.
Dans ce lieu cherche la demeure
D'une femme qui ce matin,
Assise sur le grand chemin,
Avec moi s'entretint une heure.
En échange de ce chevreau
Elle te rendra mon anneau. »
    L'esclave, malgré son adresse,
De la femme ignorant le nom,
Ne put remplir sa mission.
Avec constance, avec tristesse,
De porte en porte promenant
L'animal craintif et bêlant,
A tous les passants il s'adresse ;
Et les passants répondaient tous :
« Cherche ailleurs cette courtisane,
L'homme au chevreau : fille profane
Jamais n'habita parmi nous.»
    Mais bientôt du même village
Il reçoit ce triste message :
« Thamar a blessé ton honneur ;
Et de sa taille la rondeur
Décèle un honteux adultère.
Prononce, et dis ce qu'il faut faire.
— Il faut obéir à la loi.
Qu'elle paraisse devant moi. »
    On va la chercher, on l'entraîne,
Ses mains mignonnes on enchaîne,
Et la voilà devant Judas.

Son visage est baigné de larmes ;
Et chacun regrette ses charmes
Déjà condamnés au trépas.
« O fille autrefois si chérie !
Quel est l'infâme séducteur
Qui cause aujourd'hui mon malheur,
Qui t'arrache aujourd'hui la vie ?
— Voici l'anneau qu'il m'a donné.
— Que vois-je ? père infortuné !
Je suis seul injuste et coupable.
Tu vivras, fille trop aimable.
Mais le ciel sans doute est fâché ;
Thamar, implorons sa clémence.
Ensemble nous avons péché ;
Faisons ensemble pénitence.»
     Lecteur, tu souris à ce trait.
Mais du patriarche indiscret
Que l'exemple au moins te profite.
Si tu vois gentilles catins
Assises sur les grands chemins,
Tourne la tête, passe vite,
Et redoute les blés voisins.
     Judas avait un jeune frère
Qui déjà croissait en vertus :
Peut-être ses vœux ingénus
Du ciel fléchirent la colère.
Joseph, esclave dans Memphis,
A l'amoureuse Nitéflis
Innocemment avait su plaire.
Lui seul à son gré la servait ;
Sans humeur et sans négligence,
Lui seul avec intelligence
A ses ordres obéissait ;

Lui seul de sa chambre approchait.
A chaque instant sa voix l'appelle ;
A chaque instant Joseph est là ;
Faites ceci ; faites cela ;
Et toujours louange nouvelle.
Un soir, dans son appartement,
Cet esclave attentif et sage
Allait, venait, et proprement
Rangeait tout, selon son usage :
« Joseph, dit-elle, en ce moment
Nous pouvons être heureux sans crainte ;
Je suis seule ; plus de contrainte,
Et jouis des droits d'un amant. »
   Ainsi parlant elle se couche
Sur des coussins voluptueux ;
Le désir humecte ses yeux,
Et le baiser vient sur sa bouche ;
Son sein tout à coup dévoilé
S'enfle, et palpite avec vitesse,
Et sa main cherche avec mollesse
La main de l'esclave troublé.
« Je ne suis point perfide et traître,
Lui dit Joseph ; n'attendez rien.
Je serai fidèle à mon maître,
A votre bienfaiteur, au mien.
— Nos plaisirs seront un mystère
Impénétrable à mon époux.
— Rien n'échappe au dieu de mon père ;
Ses regards sont fixés sur nous. »
   Alors sur l'esclave modeste
Nitéflis veut porter la main ;
Entre ses bras le manteau reste,
Et Joseph disparaît soudain.

Il eut raison, car Dieu lui-même
Disait aux enfants d'Israël :
De l'étrangère qui vous aime
Fuyez le baiser criminel.
   Non loin d'une ville parjure
Où l'on adorait Belphégor,
Une source qu'on voit encor
Donnait une onde fraîche et pure
Qui roulait sur un sable d'or.
Le thym et la fraise sauvage
Se disputaient ses bords aimés,
Et des orangers parfumés
La protégeaient de leur feuillage.
C'était là qu'au déclin du jour
On voyait les jeunes pucelles
Puiser ensemble ou tour à tour
L'eau qui coulait exprès pour elles.
   Un soir le curieux Zambri
Contemplait leur troupe folâtre
Courant sur le gazon fleuri.
La beauté plaît, quoique idolâtre.
De l'Hébreu les sens sont émus.
A ce jeune essaim d'infidèles
Il trouve des grâces nouvelles,
Des traits jusqu'alors inconnus:
Toujours la nouveauté nous tente.
Une entre autres vive et piquante
S'approche, une cruche à la main,
Et sur l'étranger qui l'admire
Elle jette un regard malin
Qu'accompagne un malin sourire.
Un second coup d'œil l'enhardit.
L'imprudent l'aborde avec grâce,

Saisit la cruche, la remplit
Et sur sa tête la replace.
Par un salut il est payé;
Puis Cozbi rejoint ses amies;
Et déjà des vertes prairies
Elle avait franchi la moitié:
Alors elle tourne la tête.
Des yeux son amant la suivait,
De la main il la rappelait.
La friponne aussitôt s'arrête,
Laisse tomber sa cruche, et dit,
En feignant un léger dépit:
« Maladroite ! de la fontaine
Faut-il reprendre le chemin ?
Oui, sans doute; c'est double peine;
Mais ce vase doit être plein. »
    Elle revient d'un pas rapide.
Zambri la reçoit dans ses bras,
Et presse d'une bouche avide
Ses charmes nus et délicats.
« J'entends du bruit, dit-elle, écoute.
— Ne crains rien, ce sont des oiseaux.
Ils s'aiment, se cherchent sans doute,
Et se trouvent sur les rameaux.
Faisons comme eux, et mieux encore.
Que tes regards sont enchanteurs !
Viens, et couche-toi sur les fleurs;
Le feu du désir me dévore.
— Dieu ! je tremble à ce bruit nouveau.
— C'est l'orange mûre et dorée,
Qui de sa tige séparée
Tombe, et flotte sur le ruisseau.
Sois tranquille en ce lieu; personne

Ne troublera notre bonheur.
— Eh bien ! presse-moi sur ton cœur ;
A tes baisers je m'abandonne. »
   Le ciel qu'irritaient leurs transports
Charge Phinès de les surprendre.
Il vient, frappe, et ce couple tendre
S'aime encor, dit-on, chez les morts.
   Que l'erreur à l'homme est facile !
Que son œil est louche et débile !
Combien ses principes sont faux !
Devrait-il à son ignorance
Joindre encore l'impertinence
Qui juge et tranche à tout propos !
Caïn assassine son frère ;
De ses filles Loth est l'amant ;
Avec adresse à son beau-père
Thamar escamote un enfant ;
Ruben séduit sa belle-mère :
Voilà, disons-nous ici bas,
Des forfaits ; gare le tonnerre !
Mais Dieu, qui s'y connaît, j'espère,
Les voit, et ne sourcille pas.
Toucher fille madianite,
Et baiser sa gorge proscrite,
A nos yeux trompés c'est un jeu ;
Aux yeux du Seigneur c'est un crime
Digne de l'infernal abîme.
Ne baisons rien, et touchons peu.
   Peut-être David en son âme
Avait calculé tout cela,
Lorsque sans crainte il immola
Le mari dont il prit la femme.
Bethsabée entrait dans le bain

Sans soupçons et tout à fait nue ;
Sur elle, du palais voisin,
Le roi laisse tomber sa vue :
« Quelle est, dit-il aux courtisans,
Cette femme brune et jolie
Dont l'aspect a troublé mes sens ?
— C'est l'épouse du brave Urie.
Urie en fidèle soldat
De Joab a suivi l'armée ;
Ici son épouse alarmée
Attend le succès du combat.
— Je la vois toujours plus charmante.
Je veux par un mot d'entretien
Rassurer son âme tremblante.
Qu'elle vienne et ne craigne rien. »
    C'est en rougissant qu'elle arrive.
Le tête-à-tête dure peu ;
Mais en s'éloignant de ce lieu,
Sa rougeur est encor plus vive.
Le prince à Joab écrivit ;
De sa main il voulut écrire ;
Et bientôt Joab répondit :
« En ce moment Urie expire. »
    David, bien et dûment prêché
Par un docteur plein de sagesse,
Pleura quelque temps son péché,
Mais garda toujours sa maîtresse.
    Son fils alors, le jeune Amnon,
Brûla d'une coupable flamme.
Il voulait au fond de son âme
Cacher sa folle passion.
« O penchant terrible et funeste !
Disait-il ; Zamar, ô ma sœur !

O doux nom qui fait mon malheur !
Lien sacré que je déteste !
Empoisonné par les remords,
Cet amour est illégitime,
Je le sais : et l'aspect du crime
Semble ajouter à mes transports. »
Il veut combattre ; vaine attente !
De cet objet victorieux
L'image revient sous ses yeux
Toujours plus belle et plus puissante.
Frappé d'une juste terreur,
Il a fui ; mais Zamar absente
Brûle ses sens, remplit son cœur ;
Il la nomme dans son délire,
La nomme, lui parle et l'entend ;
Il la repousse à chaque instant :
Et dans l'air même il la respire.
Tantôt sur le bord des ruisseaux,
Couché dans l'herbe fleurissante,
De ses pleurs il grossit leurs flots,
Et la voix seule des échos
Répond à sa plainte touchante.
Quelquefois sa douleur s'aigrit ;
Alors sur des rochers arides
Il promène ses pas rapides
Auprès du torrent qui mugit ;
Alors des moissons et des plaines
Il hait le spectacle riant,
Et parcourt des forêts lointaines
Où règne un silence effrayant.
Dans un délire involontaire
Ainsi s'écoule tout le jour;
Faible enfin, épuisé d'amour,

Il cherche son lit solitaire ;
Mais l'amour encor l'y poursuit ;
Ses larmes coulent dans la nuit ;
Ou si quelquefois il sommeille,
Ce repos même est sans douceurs ;
Un songe lui rend les erreurs
Et les souffrances de la veille.
　　Amnon cède enfin au transport
Qui l'entraîne vers ce qu'il aime.
« O Zamar ! c'est toi, c'est toi-même,
Qui dans mon cœur as mis la mort.
J'en jure par le Dieu terrible,
J'ai résisté, j'ai combattu ;
Mais dans ce combat si pénible,
O ma sœur ! l'amour a vaincu.
Ce mot seul cause tes alarmes.
Va, mon cœur est fait pour t'aimer,
Mes yeux pour contempler tes charmes.
Le monde ose en vain me blâmer.
Suis ces deux ruisseaux dans leur course :
Echappés de la même source,
D'abord ils coulent séparés ;
Puis un même lit les rassemble,
Et leurs flots vont se perdre ensemble
Sous des ombrages ignorés,
Prenons ces oiseaux pour modèles :
Le même nid fut leur berceau ;
Et déjà le même rameau
Les voit amoureux et fidèles.
Abel fut aimé de sa sœur,
Et Dieu sourit à leur bonheur.
Ce Dieu qui voit couler nos larmes
N'est pas aujourd'hui plus cruel :

Je suis plus sensible qu'Abel,
Et Thirza n'avait pas tes charmes. »
Zamar ne lui répondait pas ;
Sa résistance est incertaine ;
Tremblante, elle refuse à peine,
Et fuit à regret de ses bras.
    Cependant la noire tristesse
D'Amnon flétrissait les beaux jours.
Il rejetait les vains secours
Que l'art offrait à sa faiblesse.
« Du tombeau si l'on veut m'ôter,
Dit-il, que Zamar se présente
Avec la liqueur bienfaisante
Qu'elle seule sait apprêter. »
Zamar lui porte le breuvage,
Il la voit, détourne les yeux,
Et baisse un front silencieux ;
Des larmes baignent son visage ;
Un long soupir sort de son cœur ;
Il avance une main brûlante,
Reçoit la coupe, et de sa sœur
Il a touché la main tremblante.
La coupe échappe de leurs doigts ;
Ils frissonnent, Amnon succombe,
Et Zamar sans force et sans voix
Tombe, se relève, et retombe.
    Pauvres humains ! de vos erreurs
L'inconstance est souvent extrême ;
Et souvent aussi les pécheurs
Sont punis par le péché même.
Tout à coup dans le cœur d'Amnon
Dieu mit le remords et la honte,
Et du dégoût le froid poison.

Faut-il que ma muse raconte
Ce trait affreux ? « Sors, laisse-moi,
Cria-t-il, fuis un misérable,
Fuis donc ; dans mon âme coupable
Ta présence répand l'effroi.
Va gémir et pleurer ta gloire ;
Et du bonheur empoisonné
Que ta faiblesse m'a donné
Périsse à jamais la mémoire ! »
Zamar lui répond en pleurant :
« Quels mots sont sortis de ta bouche !
Ton premier crime fut bien grand ;
Mais, crois-moi, quand ton bras farouche
Ose me chasser, tu commets
Le plus noir de tous les forfaits. »
    A ces mots elle se retire.
Ses pas incertains s'égaraient.
Dans sa douleur elle déchire
Les vêtements qui la couvraient ;
De cendre elle souille sa tête,
Meurtrit l'albâtre de son sein,
Veut parler, rougit et s'arrête,
Sur ses beaux yeux porte sa main,
Rougit encore, et parle enfin :
    « Le deuil doit être ma parure.
Pourquoi ce riche vêtement ?
Pourquoi cette blanche ceinture,
Qui des vierges est l'ornement ? »
    « Hélas ! de la robe royale
Il est flétri l'antique honneur ;
De la tunique virginale
Un crime a souillé la blancheur. »
    « Barbare, tu causas ce crime :

Était-ce à toi de m'en punir ?
De ton amour je fus victime ;
De ta haine il faudra mourir. »
    « Haïr est un supplice encore.
Moins à plaindre dans mon malheur,
Je te pardonne, et je n'implore
D'autre vengeance que ton cœur. »
    Mais la vengeance fut affreuse,
Puisque Absalon dans sa fureur
Immola son frère à sa sœur,
A sa sœur qui, plus malheureuse
Après cet outrage nouveau,
Suivit le coupable au tombeau.
    Dans cette aventure cruelle,
De David l'âme paternelle
Connut la douleur et l'effroi.
Mais de ses peines la plus dure
Fut de vieillir. Un prince, un roi
Devrait-il donc de la nature
Comme un autre subir la loi ?
C'est vainement que son altesse
Avalait, aux yeux d'un docteur,
Ces vins dont l'heureuse chaleur
Dans les sens porte la jeunesse ;
En vain d'une fourrure épaisse
On tient ses vieux membres couverts ;
Glacé par quatre-vingts hivers,
De froid il grelottait sans cesse.
« Il faut, dit l'un des courtisans,
Chercher, trouver une pucelle,
Pucelle vraiment, fraîche et belle,
Et qui joigne à cela seize ans.
De plus, qu'elle soit caressante :

De sa majesté complaisante
La couche elle partagera,
Et sur son sein l'échauffera. »
    Ce nouvel avis parut sage.
Mais longtemps il fallut chercher.
Enfin, dans un petit village
On trouva l'heureux pucelage
Qui près du roi devait coucher.
On reconnut son existence ;
D'Abisag il portait le nom.
Un jeune berger du canton
Le pourchassait avec constance ;
Après trois mois de résistance,
Il chancelait dans ses refus ;
Un jour encore, il n'était plus.
    La vanité souvent l'emporte
Sur l'amour, même féminin.
La belle hésitait, mais enfin
L'ambition fut la plus forte.
Jézahel tombe à ses genoux.
Et d'un air suppliant et doux :
    « Ton cœur a connu la tendresse.
Peut-il oublier sans retour
Et ma constance et la promesse
Que ta bouche fit à l'amour ? »
    « Tu trouvais tout dans cet asile,
Des bois, des ruisseaux, un beau jour,
Des fêtes, un bonheur tranquille,
Et les hommages de l'amour. »
    « Tu me quittes ; et moi, cruelle,
Je garderai dans ce séjour
Le souvenir d'une infidèle,
Et les tourments de mon amour. »

« Tu vas chercher un diadème.
Pars, mais tu pourras à ton tour
Regretter, sur le trône même,
Le baiser que donne l'amour. »
    Abisag, d'une voix émue ·
« N'obscurcis point par le chagrin
L'horizon brillant et serein
Qui se découvre à notre vue.
Je tiendrai ce que j'ai promis.
Au roi l'amour n'est plus permis.
Pour lui ce nouvel hyménée
N'est qu'un remède seulement.
De la bergère couronnée
En secret tu seras l'amant.
Je te vois déjà capitaine,
Puis colonel, puis général.
Fidèle et né pour la victoire,
Vers le plaisir et vers la gloire
Tu marcheras d'un pas égal.
Par Jézahel sera cueillie
Cette rose qu'il croit jolie,
Et qu'il faut porter à la cour :
Je la réserve à ta tendresse ;
Et pour gage, mon cœur lui laisse
Un baiser que donne l'amour. »
    Elle joignait à la jeunesse
Beaucoup d'attraits, quelque finesse,
Un naïf et doux entretien :
Du prince elle échauffa la glace,
Mais sans la fondre ; il dormit bien,
A son épouse rendit grâce,
Et de la rose ne dit rien.
    Mais, au bout d'un mois, cette rose

Qui trouvait qu'au bandeau royal
Il manquait encor quelque chose,
Voulut, sans en dire la cause,
Visiter son hameau natal.
A sa réchauffeuse jolie
David ne disait jamais non ;
Et d'ailleurs cette fantaisie
Annonce un cœur sensible et bon.
Son apparition soudaine
Du berger calme le chagrin.
Elle repart le lendemain
Très-satisfaite et vraiment reine.

    Jézahel, quelques jours après,
Quitta le hameau pour la ville.
Sur lui d'un roi faible et facile
On accumula les bienfaits.
Toujours cher à sa protectrice,
Quelquefois d'un jaloux soupçon
Il sentit le vif aiguillon :
Un mot dissipait ce caprice.
Abisag et tous ses appas
Couchaient à côté du monarque,
Et pourtant il ne péchait pas ;
De la Bible c'est la remarque.
Lecteur, quitte à pécher un peu,
Il faut dans l'hiver de ton âge,
Imiter ce roi juste et sage
Qui fut selon le cœur de Dieu.

    Son heureux fils, dès sa jeunesse,
Poussa bien plus loin la sagesse.
Du trône à peine possesseur,
Il écrit avec éloquence,
Contre le trône et la grandeur,

La bonne chère et l'opulence,
Le monde et son attrait menteur,
Le bel esprit et la science.
On crut que ce régent des rois,
Leur donnant l'exemple lui-même,
Et repoussant le diadème,
Allait vivre en simple bourgeois.
Point ; il conserve ses richesses,
Ses bons repas, ses dignités,
Et les jouissances traîtresses
Qu'il appelle des *vanités*.
Sa sagesse un peu singulière,
Prêchant la modération,
Fait pourtant égorger un frère
Dont il craignait l'ambition.
Dans ses écrits toujours sévère,
Des voluptés frondeur austère,
Aux femmes il ne permet rien.
Il démasque les courtisanes,
Et de leurs allures profanes
Il avertit les gens de bien.
« Fuyez cette beauté mondaine,
Qui seule, vers la fin du jour,
Devant sa porte se promène,
Fringante et respirant l'amour.
Tout bas le passant elle appelle,
Pstt, pstt ! et lui prenant la main,
D'un ton familier et badin :
« Viens dans ma chambre, lui dit-elle ;
» Mon lit est grand, jonché de fleurs :
» Aux doux parfums qu'on y respire,
» Le cinnamomum et la myrrhe
» Joindront leurs suaves odeurs.

» Des maris le plus inutile
» Pour les champs a quitté la ville,
» Et la vendange le retient ;
» Jamais de nuit il ne revient.
» Mets à profit sa négligence ;
» Et sans alarmes jusqu'au jour
» Viens vendanger en son absence
» Des fruits de plaisir et d'amour. »
A ce discours ferme l'oreille,
Jeune imprudent ; sache opposer
Une main sévère au baiser
Que t'offre sa bouche vermeille.
Une source dans ton verger
Jaillit avec un doux murmure,
Et son eau bienfaisante et pure
Te désaltère sans danger.
La faim te presse et te fatigue ?
De ton figuier mange le fruit ;
Et ne va pas durant la nuit
Du voisin grignoter la figue. »
     On pense bien que Salomon,
Avec une telle morale,
De la tendresse conjugale
Donna l'exemple dans Sion.
Il faut achever et tout dire :
Ce prince avait dans son palais
Mille femmes dont les attraits
Au moins constant devaient suffire.
Ces mille femmes tour à tour
Amusaient son fidèle amour.
Des lointains pays amenées,
Elles différaient par l'esprit,
Les traits, le langage, et l'habit ;

Et ces sultanes fortunées,
Dont les caprices faisaient loi,
Diversement fêtaient le roi.

Fière de sa haute origine,
L'une, d'ornements précieux
Couvrant ses bras et ses cheveux,
Sur des coussins de pourpre fine
Qu'enrichissent la perle et l'or,
Avec décence, avec noblesse,
Livre aux désirs de son altesse
De ses charmes le doux trésor :
Et son bonheur commence à peine,
Que d'une musique lointaine
On entend les sons ravissants,
Tantôt vifs tantôt languissants.

Une autre, en ses goûts plus modeste,
Cherche l'ombrage des bosquets.
Sa tunique flottante et leste
Défend mal ses jeunes attraits.
Mais aussi pourquoi les défendre ?
Elle foule d'un pied mignon,
D'un pied nu, les fleurs du gazon ;
Et Salomon vient la surprendre.
Imitant cet exemple heureux,
Soudain les oiseaux du bocage
Préludent par une doux ramage
A leurs ébats voluptueux.

Mais Nicausis d'une amazone
Conserve l'habit et les mœurs,
Quelquefois se moque du trône,
Et fait acheter ses faveurs.
Toujours sa pudeur intraitable
Résiste à l'attrait du plaisir ;

Avec elle il faut tout ravir :
C'était un combat véritable.
Salomon fort heureusement
Savait lutter ; et notre belle
Dans sa chute encore querelle
L'audace du royal amant.
    Te voilà, tendre Salomée ?
Que tes regards sont caressants !
Que tes soupirs sont séduisants !
O combien tu dois être aimée !
Permets que ma lyre charmée
Répète les aveux touchants
Qu'exhale ta bouche enflammée.
« Oui, j'ai connu le vrai bonheur :
Et ces instants de ma victoire
Seront toujours dans ma mémoire,
Seront à jamais dans mon cœur.
Il me nommait sa seule amie ;
Des larmes humectaient ses yeux ;
D'un sentiment délicieux
Son âme paraissait remplie ;
Il soupirait ; et ses soupirs
Étaient doux comme son ivresse ;
Il désirait, mais aux désirs
Il joignait la délicatesse ;
Moins emporté, plus amoureux,
Sur mes mains penchant son visage,
Il répétait : « Je suis heureux,
» Et mon bonheur est ton ouvrage. »
Cet aveu, son trouble enchanteur,
Et ses baisers et ma victoire
Seront toujours dans ma mémoire,
Seront à jamais dans mon cœur. »

La vive et légère Zéthime,
Qui jusque dans la volupté
Conserve sa folle gaîté,
D'une autre manière s'exprime :
« Rien n'est joli comme l'amour.
Mon maître à mes pieds s'humilie.
Esclave de ma fantaisie,
Il espère et craint tour à tour.
Aux yeux de sa philosophie
Je suis un enfant, mais, hélas !
Que cet enfant ouvre les bras,
Aussitôt le sage s'oublie.
Il règne au milieu de sa cour ;
Je fais bien mieux ; sans diadème
Je règne sur le roi lui-même.
Rien n'est joli comme l'amour. »
Notre monarque, vraiment sage,
A reçu du ciel en partage
Tous les talents et tous les goûts.
Tantôt il prend sur ses genoux
Une beauté jeune et sauvage ;
Il apprivoise sa pudeur,
Qui toujours s'étonne et refuse ;
De son ignorance il s'amuse,
Il l'instruit : mais avec lenteur ;
D'une main prudente il la flatte ;
Et cette rose délicate
Doucement s'entr'ouvre au bonheur.
Tantôt, de voluptés avide,
Aux fleurs il préfère les fruits,
Cherche des charmes plus instruits,
Et vole auprès de Nicéide.
C'est là qu'il trouve le désir,

L'emportement, la folle ivresse,
Et la science du plaisir.
Le roi sourit à son adresse ;
Et dans cet amoureux métier,
De maître il devient écolier.
  Du palais l'enceinte pompeuse
Renferme un immense jardin ;
Une onde pure et paresseuse
Y formait un vaste bassin.
Ses bords qu'un frais gazon tapisse,
De fleurs sont toujours parsemés,
Et des bocages parfumés
La couvrent d'une ombre propice.
C'est un rendez-vous pour l'amour.
Les sultanes allaient ensemble
S'y baigner au déclin du jour :
Du prince l'ordre les rassemble,
Et lui-même y vient à son tour.
Dans l'onde il se jette avec elles ;
Au milieu d'elles confondu,
Comme elles il était vêtu.
Sur les baigneuses peu cruelles.
Ses yeux, ses lèvres, et ses mains,
Multipliaient leurs doux larcins.
On devine aisément la suite
D'un jeu très-innocent d'abord.
Trop heureuse la favorite
Qu'il pousse en nageant vers le bord !
Des autres l'orgueil se dépite ;
Elles retiennent un soupir,
Parlent plus haut, nagent plus vite,
Frappent l'onde et la font jaillir.
  C'était ainsi que du bel âge

Le grand Salomon profitait.
Mais le temps rida son visage ;
Plus triste alors il répétait :
    « Je touche à la froide vieillesse ;
Adieu la douce volupté.
Hélas ! j'avais dans ma jeunesse
Une assez belle vanité. »
    « J'allais de conquête en conquête ;
L'obstacle irritait ma fierté ;
Noblement je levais la tête ;
J'étais brillant de vanité. »
    « Aujourd'hui morte est mon audace,
Et j'entends dire à la beauté :
Prince, que voulez-vous qu'on fasse
De ce reste de vanité ? »
    « O vous, dont le printemps commence
Fuyez la prodigalité,
Et pour l'automne qui s'avance
Ménagez votre vanité ! »
    Malgré cette hymne un peu chagrine,
La gentillesse féminine
D'un vieillard pique la langueur.
S'il ne prétend plus au bonheur,
Avec son image il badine.
Des femmes se peut-on passer !
Des femmes se peut-on lasser !
On le peut, lorsque leur faiblesse
Usurpe d'un sexe plus fort
L'esprit, les mœurs et la rudesse.
Toujours ce ridicule effort
Les enlaidit. Par son courage,
Par sa fière et mâle beauté,
Judith ne m'aurait point tenté.

Esther me convient davantage.
Tuer au lit est un talent
Dont rarement on fait usage ;
Y plaire est un plus doux partage,
Dont on profite plus souvent,
Assuérus, nous dit la Bible,
Prisait beaucoup cet art paisible.
A sa table il avait un jour
Tous les libertins de sa cour ;
Séduit par des chansons lascives,
Et troublé par un vin fumeux,
Il veut donner à ses convives
Un spectacle nouveau pour eux.
« Eunuques, dit-il, que la reine
Se montre sans voile à nos yeux,
Sans aucun voile, je le veux.
Portez-lui ma voix souveraine. »
  La sultane reçut fort mal
Ce compliment oriental.
Surpris d'une pareille audace,
Le prince : « Imprudente Vasthi,
Ton orgueil m'a désobéi ;
Descends du trône, je te chasse.
Eunuques, dans tous mes Etats
Allez proclamer sa disgrâce,
Et cherchez-moi d'autres appas.
La plus belle prendra sa place. »
  Dès lors on ouvrit le sérail.
Il se remplit de beautés neuves.
Mais pour entrer dans ce bercail
Difficiles étaient les preuves.
L'eunuque insensible et malin,
En faisant son froid commentaire,

Portait partout un œil sévère,
Partout une insolente main.
    Belles à la fois et jolies,
Trois cents vierges furent choisies ;
Et l'une d'elles chaque soir,
Entrant dans la couche royale,
Se livrait au flatteur espoir
De régner bientôt sans rivale.
Pour les parer, on leur donna
Tout ce qu'exigea leur caprice ;
Car les femmes en ce temps-là
Connaissaient encor l'artifice.
La seule Esther était sans art.
Un bain est préparé pour elle :
Bientôt de la rose et du nard
Son corps y prend l'odeur nouvelle.
Des cheveux d'herbe entrelacés,
Des yeux modestes et baissés,
Une robe fine et flottante,
Pour ceinture un feston de fleurs
Qui marque sa taille élégante,
Quinze ans et des traits enchanteurs :
Telle paraît Esther tremblante
Aux yeux charmés d'Assuérus.
Il la voit, et n'hésite plus.
    Le couple amoureux se retire
Dans un pavillon écarté.
Le goût lui-même a fait construire
Ce temple de la volupté.
Il en a banni la richesse,
L'or et le feu des diamants ;
Tout y respire la mollesse,
Tout y parle au cœur des amants.

Sous leurs pas la rose s'effeuille ;
Et sur la blancheur des lambris
Serpentent les rameaux fleuris
Du jasmin et du chèvre-feuille.
Le plus habile des pinceaux
A dessiné dans les panneaux
Des images voluptueuses ;
Et, pour mieux fixer le désir,
Partout sous des formes heureuses
Il a reproduit le plaisir.
Simple, malgré son élégance,
Au centre est un lit spacieux :
Il favorise la licence,
Et les caprices amoureux.
Les rideaux de gaze légère.
Que relevait un nœud de fleurs,
De la sultane peu sévère
Voilent les premières faveurs.
Faveurs charmantes ! bien suprême !
Au vif et doux emportement,
Aux transports de celui qu'elle aime,
Esther se livre mollement.
Ainsi dans sa course rapide
On voit le fougueux aquilon
Troubler une eau calme et limpide
Qui reposait dans le vallon.
  Pour la femme la plus coquette,
Régner est le *nec plus ultra ;*
L'ambition est satisfaite
Quand elle arrive jusque-là.
Une seule, par Dieu choisie,
Eut encore un plus beau destin.
Ce Dieu, qui la trouvait jolie,

Lui-même féconda son sein.
C'était la pieuse Marie.
Par la faute d'un vieil époux,
Faible apparemment et jaloux,
La pauvrette de l'hyménée
Ne connaissait que les dégoûts;
Et sa jeunesse infortunée
Soupçonnait un destin plus doux.
Un jour que dans son oratoire
Elle méditait tristement,
Un citoyen du firmament,
Un ange rayonnant de gloire,
S'offre à ses yeux subitement.
« Salut, ornement de la terre !
Salut, ô reine des élus !
Sois docile, tu seras mère,
Et ton fils aura nom Jésus. »
Sans retard la brune Marie
Obéit à l'ordre des cieux;
Et bientôt sa taïïle arrondie
Fâche le mari soupçonneux.
L'ange fait un second voyage ;
Il menace au nom du Seigneur;
Et cet adroit ambassadeur
Remet la paix dans le ménage.
Il était temps; le lendemain,
Panther, galant du voisinage,
Mourut à la fleur de son âge,
Emporté par un mal soudain.
On trouva dans son inventaire
L'explication du mystère,
Un beau vêtement azuré,
Cinq ou six ailes de rechange,

Des rayons de papier doré,
Enfin tout ce qui fait un ange.
    Par ce chapitre je finis.
Après la Vierge, est-il permis
De descendre aux autres mortelles ?
Pour l'instruction des fidèles,
Par dates j'ai traduit les faits.
Mais j'ai dû voiler quelques traits.
La prude hypocrite peut seule
Fronder ces articles de foi.
Le Saint-Esprit est moins bégueule,
Et sa Bible en dit plus que moi.

BIBLIOTHÈQUE ANTI-CLÉRICALE

La *Bibliothèque anti-cléricale* a été fondée le 21 mars 1879, par Léo TAXIL. A chaque fin de trimestre (c'est-à-dire aux environs des 30 mars, 30 juin, 30 septembre et 30 décembre), paraît un fascicule de 80 pages, dit « fascicule régulier ». Ces quatre fascicules se font suite les uns aux autres et forment à la fin de l'année un beau volume complet.

En dehors de ces quatre fascicules réguliers, paraissent des fascicules supplémentaires qui, par leur numérotation, constituent une série bien distincte. Ainsi les fascicules supplémentaires forment chacun une brochure séparée, tandis que les quatre réguliers sont destinés à être reliés ensemble. Pour les fascicules supplémentaires, des collaborateurs sont acceptés, tandis que les réguliers sont entièrement et exclusivement écrits par Léo Taxil.

Chaque fascicule (régulier ou supplémentaire) est de 80 pages, et coûte 60 centimes (par la poste : 70 centimes).

DÉJA PARUS

FASCICULES RÉGULIERS

I. — A bas la Calotte !

Un serment de haine (préface). — Les voleurs de cadavres. — Sur la mort de Dupanloup. — Une neuvaine, s. v. p. !... — Fallait pas qu'y aille ! — Ne me parlez plus de saint Eustache. — Nouvelle série de miracles abrutissants. — Mais châtrez-les donc.., — Où sont les tripes ? — Pourquoi saint Joseph se laissa manger la tête par un rat.— A M. Louis Veuillot, rédacteur en chef de l'*Univers*. — Une cuite de curé.— Zut au phylloxera ! — Encore le Sacré-Cœur. — Eventrons les femmes ! — A vingt sous la place en paradis.— Problème à résoudre. — Pourquoi pas son pot de chambre ? — La procession obligatoire. — Pas bête, Léon !

II. — La Chasse aux Corbeaux

Les refusés du martyre,—Evangile des processions.— Le paroissien raisonneur.— Un archevêque en faillite. — Une pincée de miracles (pour n'en pas perdre l'habitude).— Monsieur Dieu embêté par Veuillot. — La main à la poche ? — Silence aux Germiny ! — Comment mon cousin le capitaine se vengea des cloches.— Une lettre d'outre-tombe. — Les cigares d'une religieuse. — Les étonnements de Jésus. — La liberté pour les punaises ! — La nièce du vicaire.— Onze hectares de paradis à vendre.— La science et la religion.— Lettre de Madame de Fourvières à Madame de Lourdes. — Une position agréable. — Rengaîne cléricale. — Souvenir de prison.

III.— C'est nous qui fouettons ces vieux polissons

A notre tour, cravachons-les.—Laissez venir à moi les petits enfants. — Œuvre des coups de poings apostoliques ou le Gymnase des frères frappeurs.— Si l'on en tuait un ? — *La vérité sur les farces de la Salette* (tous les détails les plus complets sur cette ignoble supercherie religieuse). — *Poisons catholiques et incestes pontificaux*, histoire authentique et détaillée des crimes du pape Borgia (Alexandre VI), ses meurtres et ses débauches, empoisonnements, trahisons, escroqueries, incestes, horribles scènes d'orgies, etc. — *Le miracle de saint Pancrace*, comédie de mœurs ordre-moraliennes et cléricoliques. — Le phylloxera clérical (statistique sommaire des congrégations). — Quelques papes au hasard de la fourchette.

IV. — Les Jocrisses de Sacristie

Dans ce fascicule, indépendamment de quelques articles des plus amusants, indépendamment d'une intéressante *Lettre de Garibaldi à Léo Taxil*, on trouve la statistique exacte des condamnations encourues par les calotins en 1879, statistique dressée en tableaux semblables à ceux des extraits d'arrêts de cours d'assises, sous ce titre : LE CASIER JUDICIAIRE DE LA CLÉRICANAILLE, et, enfin, une parodie désopilante (à mourir de rire), des journaux de la catégorie ultramontaine.

Le BOUFFE-JÉSUS, moniteur officiel des syllabusons et des vaticanards, contenant une série d'articles comiques au possible : — 1º Calendrier grotesque. — 2º Evangile, suivi de réflexions. — 3º Des jésuites empalés. — 4º Ouvrons l'œil sur les révolutionnaires. — 5º Pèlerinage au nez de Louis Veuillot. — 6º Congrès annuel des clérigaleux. — 7º Méditations sur l'Apocalypse. — 8º Bouillon économique. — 9º A la recherche des signatures contre les lois Ferry. — 10º Apparition miraculeuse de N.-D. du Troufignon. — 11º Œuvre des vieux papiers. — 12º L'Inquisition sera rétablie. — 13º Modulation pieuse. — 14º Conférence du comte de G***. — 15º Chronique.

Notez que le *Bouffe-Jésus* et le *Casier judiciaire de la Cléricanaille* ne forment que deux parties séparées de ce quatrième fascicule.

Cette brochure contient encore : Tartufe s'engraisse. — Ces bons Pères Jésuites. — Modestie cléricale. — Victime du Saint-Esprit. — La liberté selon Guibert. — Veuillot n'a plus la grêle. — Vouons-nous à l'épaule gauche.

V. — La Clique Noire

Excommunication de Léo Taxil (texte officiel de la bulle du pape). — La République anti-cléricale. — Domine salvam fac !... — Bénis malgré eux, ou les canuts lyonnais voués à la vierge sans le savoir. — Le révérend père Jules Simon, capucin. — La mendicité est interdite. — Les saints nous manquent. — Poète et mendiant. — Excommunié par lui-même. — Un tour de grue. — Le calice de l'abbé Coulis. — Vie de Veuillot immaculé. — Les patronages. — Nomenclature détaillée des maisons occupées par des congrégations non-autorisées.

VI. — Plus de Cafards !

La France envahie par la vermine. — Guerre au Cléricalisme. — Rome, lupanar du Clergé. — Les bandits de la foi. — Punaises jésuitiques. — Une histoire écrite avec de l'ordure et du sang. — Loyola est Dieu, et Germiny est son prophète. — Autorisation du parricide. — Des professeurs capables... de tout. — Même haine pour tous ! — Ils se proclament solidaires. — Chambord boiteux et sourd. — Extermination de l'ennemi. — Politique et religion. — Le droit à l'incrédulité. — Triomphons par l'énergie. — La voix de Danton. — Voltaire et Marat. — Défions-nous d'un guet-apens. — Avec des pincettes. — Républicanisme oblige. — La « chose de tous ». — Voter en démocrate et mourir en libre-penseur. — Les malfaiteurs sacerdotaux. — Attaquer le cléricalisme, c'est défendre la société. — Ce qu'est la libre-pensée. — Contradictions de curés. — La conscience affranchie du dogme. — Limaces et soutanes. — Définition. — Les pères

de la libre-pensée. — Athées et sceptiques. — William Harvey. —
Le grand martyr Jordano Bruno. — Galilée devant l'Inquisition. —
Le supplice du jeune Labarre. — Orgie sanglante. — Religion natu-
relle, religion de l'honnêteté. — Agissez comme vous pensez.

FASCICULES SUPPLÉMENTAIRES

Almanach anti-clérical pour 1880

Calendriers républicain et grégorien comparés. — La vermine noire
s'agite. — Le déluge. — Le courrier du Paradis. — Une église vei-
narde. — Le lapin récalcitrant. — Poléon IV au tribunal de Dieu. —
Le curé Maret. — Si jeune et déjà franc-maçon!... — La Sainte-
Larme. — Esprit-Saint descends sur Veuillot. — La légende de Notre-
Dame des Commodités. — Le vieux mangeur de saucisson. — Les rois
de France, en quatrains. — Vive saint Greluchon — Le pauvre
Martin. — Une belle trouvaille, ou la grande découverte du bâton de
saint Joseph. — Pauvre Jésus! — Assurances sur la vie.

Les Soutanes Grotesques

L'abbé Cul-de-Singe, conte fantaisiste. — Bas les masques! réponse
aux calomniateurs de Voltaire. — Les neuf plaies d'Egypte, légende
républicaine. — La journée de Léon XIII, scène bouffonne et vati-
canarde. — Connaissez-vous saint Bernardin! — La sacrée dèche
d'un Cœur sacré. — Mon premier cigare. — Du frère Bajule au
père Crébacien, plaintes lamentables d'un ignoramus. — Un prophète
pas veinard. — Eau de Fourvières, grande concurrence à N.-D. de
Lourdes, miracles abracadabrants. — La rotule de saint Truphême,
histoire cocasse d'une relique miraculeuse. — Ce qu'on leur fait
croire.

Les Friponneries religieuses

En correctionnelle, les vendeurs de reliques! — Nomenclature géné-
rale des reliques prétendues vraies par les charlatans cléricaux; liste
par ordre alphabétique de tous les os, corps de saints, objets dits
sacrés, avec indication des villes et des églises qui les donnent à véné-
rer aux imbéciles; cette nomenclature donne la preuve flagrante des
infâmes tromperies commises par les prêtres, car elle montre que tels
ou tels saints ont jusqu'à douze têtes et dix-sept bras exposés dans
autant d'églises différentes. — Le paradis à l'envers. — La messe du
père Badingue. — Les trois maris d'une vierge incestueuse. — Vase
sacré ou sacré vase. — La communion difficile. — Le tonnerre qui
devient anti-clérical. — Le Saint-Esprit à Monaco.

L'Affaire Léotade

Cette brochure contient l'histoire entière de ce fameux procès du
congréganiste Léotade, ce misérable ignorantin qui viola et assassina
à Toulouse Cécile Combettes, jeune fille de quatorze ans.
Détails complets. — La préméditation du crime. — Résistances des
frères envers le parquet et entraves apportées par eux à l'instruction de l'affaire. — Comparution en justice de tous les religieux d'un
couvent. — Faux témoignages. — Compte-rendu authentique des
débats. — Jugement. — Condamnation du coupable aux travaux for-
cés à perpétuité. — Epitaphe de la victime

Les Sermons de mon Curé

L'auteur, dans des vers des mieux tournés et d'un esprit satirique impitoyable, flagelle jusqu'au sang toute la canaille des exploiteurs sacerdotaux. — Ce recueil de poésies charmantes est suivie d'une *Histoire résumée (mais complète) des Jésuites* ; cette seconde partie du fascicule est de Léo Taxil.

Les Débauches d'un Confesseur

Un disciple de Loyola. — La belle Cadière. — Le Jésuite et sa proie. — Où le père Girard fait voir « les anges » à ses pénitentes. — Miracle *ad majorem Dei gloriam*. — Les Mystères d'un couvent de femmes. — L'exorcisme. — Magistrats et jésuites. — Le procès. — Un saint.

Pour recevoir, franco par la poste, n'importe laquelle des onze brochures ci-dessus énumérées, il suffit de nous envoyer soixante-dix centimes en timbres ou mandat.

COLLECTION LÉO TAXIL

— —

Sous ce titre général, M. Léo TAXIL vient de fonder une collection de volumes (format ordinaire, de 250 à 300 pages) au prix très-modique de *un franc cinquante centimes.*

Pour paraître prochainement :

La Religieuse, célèbre roman de DIDEROT, édition nouvelle et tout à fait complète, sans aucune coupure. — Préface par LÉO TAXIL.

Tous Tartufes! roman comique anti-clérical, par LÉO TAXIL et G. MOYNET, avec illustrations d'ANDRÉ GILL.

Le Confessionnal des Pénitents noirs, d'après André Radcliffe, roman par ALFRED ÉTIÉVANT.

L'Histoire de notre honte, par LÉO TAXIL et ALFRED ÉTIÉVANT.

La Religion du Crime, roman, par LÉO TAXIL et PAUL FOUCHER, 2 volumes.

Par la Grâce du Saint-Esprit, roman comique, par LÉO TAXIL et FERNAND LAFFONT.

LA PROPAGANDE ANTI-CLÉRICALE

EN VENTE DEUX FOIS PAR SEMAINE

BELLES LIVRAISONS DE HUIT PAGES & ILLUSTRÉES

CALOTTE

ET

CALOTINS

Histoire illustrée du Clergé et des Congrégations

Par LÉO TAXIL

Cet ouvrage est, en quelque sorte, une **Encyclopédie Anti-Cléricale.** *Tout ce qui, de près ou de loin, touche au Clergé et aux Congrégations y est traité avec cette verve qui caractérise l'infatigable auteur du* **Fils du Jésuite,** *d'***A bas la Calotte!** *de* **Tous Tartufes!** *etc. L'ouvrage est en outre très-utile à consulter au point de vue historique.*

FONDATION DE LA SOCIÉTÉ DE JÉSUS. — SON ŒUVRE MALSAINE JUSQU'A NOS JOURS. — LES PAPES CRIMINELS. — COMMERCE DE RELIQUES ET D'INDULGENCES. — HAUTE ET BASSE PRÊTRAILLE. — ORIGINE DE LA CALOTTE. — LES CHERS ET BONS SAINTS. — COCHONS MITRÉS. — ROME, CAPITALE ET LUPANAR DE LA CATHOLICITÉ. — LES PETITS TRUCS DES MISSIONNAIRES. — SODOME ET GOMORRHE. — LA MOINERIE. — LES MYSTÈRES DES COUVENTS. — LE CONFESSIONNAL, SON IMMORALITÉ, SES EXPLOITEURS, SES VICTIMES. — LE CHANTAGE RELIGIEUX. — PIEUSES ESCROQUERIES. — PÈLERINAGES, MIRACLES, ETC.

MAGNIFIQUES GRAVURES DES MEILLEURS ARTISTES

10 centimes la livraison. En vente chez tous nos déposita